MUJER AL VOLANTE. HISTORIAS DETRÁS

LEIDY ESCOTO

Publicado por Ibukku
www.ibukku.com
Diseño y maquetación: Índigo Estudio Gráfico
Copyright © 2020 Leidy Escoto
ISBN Paperback: 978-1-64086-585-3
ISBN eBook: 978-1-64086-586-0

ÍNDICE

Dedicatoria

Este libro se lo podría dedicar a muchas personas, pero no puedo, porque entonces no sería de autoayuda basada en una realidad, sería de dedicatorias. Sin embargo, quiero dedicarle a mi hijo Jorge Ruby unas palabras, porque al principio, cuando empecé a ser chofer, él pasaba la mayor parte del tiempo en el asiento de atrás, cuando era un bebé.

También a mi querido sobrino, Adrián Delgado, por estar conmigo en esos días en los que escribía este libro. Sobrino, te agradezco infinitamente tu apoyo y por haber sido de los primeros que creyeron en mí.

A mi hermana Carmen Reyes, porque siempre me escucha cuando más la necesito. Te amo, hermana.

A toda mi familia, les pido que me disculpen por que, quizás, sea muy diferentes a ellos en la manera de pensar, pero nos caracteriza la misma humildad.

Hay una empresa que fue la primera en abrirme sus puertas: City Line Car Service, ¡gracias!

También a las amistades que han permanecido a mi lado y me han apoyado en todas mis travesías:

- Carmen Pina
- Tony Dandrade
- Leda Caba
- Leonida Pérez
- Mario Gandini
- Alexia Cassandra Gomes
- Luiz Ramires
- Ricardo Paredes
- Ana Batista
- Vanyi Mesa
- Edwin Dormoy
- Noemí Pedraza
- Ramón Rincón
- Erika Valek

y muchos más…

Acerca de la Autora

Mi nombre es Leidy Escoto Reyes, nací en República Dominicana, soy madre de un hermoso hijo, su nombre es Jorge, tengo una familia bastante grande y he vivido en la ciudad de Nueva York durante la mayor parte de mi vida. No me quejo, esta ciudad es maravillosa. Aquí empecé a escribir y terminé este libro sobre historias reales que viví en mi lucha como mujer taxista.

Comencé este libro cuando estaba terminando mi historia detrás del volante, pero mi mayor satisfacción sería que les sirva como material de autoayuda, tanto a los conductores de taxis como a los clientes.

Fueron buenos y malos momentos, aprendí muchas cosas, incluso, a sobrevivir en un trabajo de hombres, porque así era en el momento que yo empecé; sobreviví a la jornada sin compadecerme de mí misma. Empecé con un mapa, pero mi objetivo era ser una de las taxistas más sobresalientes. Creo que lo logré a pesar de los tropiezos, que, dicho sea de paso, me hacían cada vez más fuerte. Fui amable y considerada con cada pasajero al que le brindaba mi servicio y recorrí kilómetros sin ni siquiera poder usar un baño para mis necesidades de higiene personal. Sin embargo, todo era una aventura más que se convertía en parte de mi novela diaria.

Introducción

Este libro se basa en una historia de la vida real, la mía, porque trabajé como taxista en la ciudad de Nueva York, y conozco la realidad de lo que pasó, está pasando y seguirá pasando en la industria de los taxis. En mi escritura podrás encontrar un sinnúmero de hechos de la vida diaria de los taxistas, tanto en la ciudad donde lo hice por más de 10 años como en otras, porque este tipo de cosas ocurren alrededor de todo el mundo. Esto lo relato con la intención de crear conciencia tanto en el taxista como en el cliente.

Mi historia muestra que cada persona es un mundo y que cada viaje te puede sorprender con sus historias. También quiero resaltar las frustraciones que pueden estar pasando y que han pasado algunos taxistas, (y clientes por igual), como por ejemplo, lo que se puede sentir tener que llevar el sustento diario a su hogar.

También encontrarás situaciones aleccionadoras, como conductores que hemos tenido que abandonar el taxi, y casos en los que se intenta resolver problemas para los que no siempre se está preparado. Algunos de estos problemas están relacionados con los cambios que hemos tenido durante los últimos 10 años, a mí me pasó, me consta que a otros también y, seguramente, les pueden pasar a muchos.

Todos sabemos qué es un taxi o chofer: es un medio de transporte que consiste en un vehículo de alquiler con un conductor; muchos de nosotros sabemos cómo usar estos servicios, así como muchos otros los ofrecen.

Pero, ¿cuál es la realidad de lo que está sucediendo hoy en día con la industria de los taxis? En este libro, que escribo con mucho amor y respeto a todos mis ex colegas y a todos los que se ganan la vida vendiendo sus servicios como medio de transporte, cuento un poco de lo que muy pocos conocen y de lo que tanto el cliente como el conductor ignoran; es decir, de los que casi nadie habla. Por supuesto, no es que sea la más experta para hablar de este tema en el mundo, pero basándome en mi experiencia de tantos años y en lo que aprendí, siento que al menos, a través de la escritura, puedo contribuir un poco con las personas que no entienden cómo funcionan las cosas. Con todo lo que nos esforzamos, es hora de hacer un cambio para que algún día seamos más valorados como personas trabajadoras, y que la gente conozca el esfuerzo que ponemos todos los que ofrecemos un servicio que debería ser más respetado.

Me da mucha tristeza cada vez que escucho a un amigo o a antiguos compañeros decir que se sienten obligados a dejar lo que les da de comer a sus familias, y espero que los que decidan continuar en este trabajo, hagan bien las cosas y no se frustren por los cambios futuros. Si damos mucho, al menos merecemos respeto y más consideración. Sin embargo, los conductores también debemos tomar conciencia y hacer las cosas de forma correcta.

Ser taxista es un trabajo que debe verse con dos caras, por ejemplo; si lo haces bien o mal, como muchas veces me pasó, al final podrás ver los beneficios de la acción buena y los resultados de la mala. Y es que una de las caras que tienes que ver, es cómo haces tu labor de taxista; si lo haces bien, puedes tomar una gran cantidad de provecho viéndolo desde el lado positivo y con las herramientas necesarias. El otro lado es el malo. Por ejemplo, un mal servicio al cliente, que incluso es el que paga o no llevar organizada tu agenda del día a día y tener tus papeles en orden, son cosas que si se hacen mal, tienen consecuencias que no se las deseo a nadie. Siempre debes tener presente que hay mucho que ganar, pero también mucho que perder.

Algo que yo considero bueno, de lo que está sucediendo hoy en día, es que más personas que no podían conseguir trabajo, encuentran en el taxi una forma de, al menos, mantenerse –y a sus familias–. Como ser humano, eso te hace sentir bien: ver a muchas personas en todo el mundo que no tenían trabajo y con sólo tener un vehículo y la licencia pueden hacerlo. Esa es una de las cosas positivas, incluyendo que cada vez hay más mujeres que consiguen este tipo de trabajo, algo que en la época en la que yo empecé no era muy común. Por estas cosas buenas que están pasando es que considero que es justo exigir más respeto y consideración.

Sí creo que se debe de apoyar más al taxista; por ejemplo, en recibir un mejor trato por parte de las compañías para las que elijas trabajar, y un poco más de apoyo del gobierno de tu ciudad o país. Es necesario que los gobiernos investiguen más a fondo las cosas que ocurren en la industria del taxi, incluyendo los beneficios que les dejamos a esas empresas, que lo único que saben es sacar provecho de los conductores, pero cuando algunos piden ayuda, los ignoran con argumentos no convincentes.

Sé de muchas cosas que están sucediendo, pero no es lo que puedo ni quiero hacer en este libro. Muchos conocemos todas las injusticias que están haciéndoles a los taxistas; por ejemplo, multas inexplicables a precios muy altos. Lamentablemente, hay muy pocas personas que deciden hablar. No se trata sólo de lo que le hacen al taxista, el taxista también debe tomar conciencia y hacer lo correcto, pero, de verdad, no sólo somos víctimas; también somos culpables de muchas cosas inapropiadas; como por ejemplo, causar accidentes por manejar apresuradamente o maltratar a los clientes sin razón alguna. Es por eso que explico lo de poner las dos caras: tanto la de los taxistas como la de los clientes, porque sin clientes no hay taxi, y sin taxi el cliente no tiene servicio.

Vamos a ver si podemos ser capaces de abrirle un mundo a cada persona que quiera ser taxista, lo que es un campo de trabajo bueno y honesto, si cada quien puede reconocer sus habilidades, pero también sus errores, como lo hago yo en este relato para que puedan captar e incluso mejorar esas buenas costumbres que a mí me faltó poner en práctica. Vamos sin miedo a ver lo que sucede, con el solo objetivo de superarse a uno mismo.

Con este libro tendrás una idea de las reglas de esta nueva etapa para ayudarte en tu camino y descubrir dentro de ti, si de verdad esto es lo que quieres seguir haciendo o hacer en el futuro.

Superar los obstáculos

Recorrí muchas ciudades de Estados Unidos, cada viaje de trabajo era otro capítulo detrás del volante. Trataba de ver mi camino no como una autopista solitaria donde solo había autos y letreros, sino como un recorrido en el que me podía parar por un café y seguir avanzando. Buscaba el lado bueno de cada carrera, por difícil que fuera, y, por supuesto, uno de esos lados buenos era el dinero que obtenía, además de la satisfacción de conocer ciudades diferentes de donde yo residía. Supe sonreír ante cualquier multa que me dieran, ya fuera por velocidad o por girar en una calle inadecuada, aprendí a dejar de llorar cuando mi cliente era un hombre y lo primero que hacía era verme como un objeto sexual, antes que verme como una gran chofer. Superé cuando tenía personas con síntomas de drogas o alcohol, situación para la que no siempre se está preparada. Como mujer taxista hice de doctora, de psicóloga, de partera, entre otras muchas profesiones, sin que así me lo propusiera.

Cierto día de verano en el que estaba haciendo mucho calor, mi auto se convirtió en un hospital para que un bebé naciera. Me asignaron una llamada para llevar al hospital a una señorita de piel oscura que estaba embarazada. De camino al lugar, se le rompió la fuente y su bebé empezó a salir. Yo no sabía qué pensar ni qué hacer ante esa mujer gritando de placer y de dolor, mas que conducir sin control. Finalmente, llegamos al mismo hospital donde nació mi querido hijo. Allí fue bien atendida por los doctores. Sin embargo, mi auto no tuvo tan buen final, porque quedó impregnado de un olor muy desagradable, ocasionado por la sangre de ese angelito al momento de nacer. Ya terminada la jornada, observé que el color claro de mi carro, ya no era tan claro, sino de color sangre. Pero, sin duda, quedó guardado en mi memoria el grito de aquel niño recién nacido que había salido del cuerpo de su bella madre.

Este tipo de historias pasan cuando se trabaja como chofer. Nunca sabes a qué te vas a enfrentar; sin embargo, tienes que quedarte con lo bueno, no con lo malo.

Yo pasé por muchas experiencias, pero no todas fueron de color de rosa. Sin embargo, recuerdo historias de clientes que definitivamente marcaron mi vida, tal como la anterior. Otra de ellas es la que les cuento a continuación.

Recuerdo que un domingo 14 de Noviembre, en una tarde de invierno, mientras trabajaba como cualquier otro día laboral, tuve lo que llamaríamos un cliente normal, al que recogí en la terminal de autobuses, en la calle cuarenta y dos y octava. Era un joven que se veía como cualquier otro, llevaba unas maletas y se acompañaba por una señorita de la que nunca entendí si era su esposa, novia o quizás su amiga. Cuando me pidió que lo llevara al aeropuerto JFK, me sentí feliz, porque para mí era la mejor carrera del día, ya que me quedaba cerca de casa, pero nunca me imaginé que este trayecto me marcaría para siempre, hasta el punto de decidir contarla, porque sé que muchas mujeres taxistas también han pasado por lo mismo o por algo parecido. Este joven iba muy normal, hasta que llegué a la autopista y me pidió la tarifa. Recuerdo que le dije que serían ochenta dólares y él lo aceptó muy a gusto. Al pasar cincos minutos, me dijo que me daría doscientos dólares si le hacía un favor. ¡Uf! Ahí mi corazón palpitó; sería perfecto, porque recuerdo que tenía que pagar la renta al día siguiente, ya que era quincena, así que esta cantidad de dinero me caería bien. Pero, por Dios, ¿cuál sería el favor?, quizás que me parara de camino al aeropuerto o que regresara al mismo lugar donde lo recogí. Pero no, nada de eso. El joven me dijo que él tenía una fantasía que quería cumplir antes de irse a su país de origen. Su fantasía no era ni más ni menos que meterse droga mientras su pareja hacía pipí en la calle.

¡Oh!, según yo, eso era fácil de cumplir. Él cumpliría su sueño y yo me ganaría ese dinero. Así pasó. Me dijo que estacionara el vehículo, pero yo no podía controlar los nervios, pero pensando en que me caería bien ese dinero extra, lo hice. En aquella autopista donde los demás autos irían a no mínimo de sesenta millas por hora, puse mi luz de emergencia, estacioné mi auto en una orilla donde solo se escuchaban autos a alta velocidad y el ruido de los árboles por la brisa de invierno. En seguida, la chica me miró y me dijo que yo también tenía que bajarme. Créanme, estos momentos fueron de una tensión muy fuerte. Que yo también tuviera que bajarme de mi auto no estaba en mis planes, pero el joven me miró y me dijo que me subía la oferta si yo también participaba haciendo pipí mientras él se drogaba. Qué momento tan espantoso, que miedo, que impotencia… Así pasó como media hora, hasta que la oferta fue bastante grande al final. Me puse positiva y tanto la chica como yo, hicimos lo que teníamos que hacer, que era bajarnos la ropa de la cintura hacia abajo y hacer pipí. Yo pensé que me desmayaba, pero ambas terminamos en menos de dos minutos. Nunca supe si en ese tiempo tan corto el joven cumplió su fantasía, pero al final me pagó por esa carrera cuatrocientos dólares. Esto lo cuento para que sepan que, como taxista, también nos encontramos con psicópatas, doctores y hasta actores, o simplemente con personas que al final del día terminan pagando por tu dignidad. Pero quiero que sepan que no soy una escritora profesional, mucho menos famosa. He escrito muchas historias como esta, que planeo publicar a su debido tiempo.

En este libro relato muchas experiencias de mi trabajo y de mi vida como taxista, que espero sean de utilidad para quienes piensan dedicarse a manejar un taxi, les ayuden a ser más conscientes de las cosas buenas que tiene este trabajo y se cuiden de las cosas malas. Explico con detalle los errores que cometí para que sirvan como ejemplo. Aunque ya no trabajo como taxista, trato de ayudar otras personas que aún continúan en su lucha diaria. Incluso, siento una gran satisfacción cuando algún colega me pide ayuda o me pregunta algo sobre el taxi, porque desde mi experiencia, trato de dar consejos y encontrar técnicas que adecuadas que puedan ayudarles. Hoy en día me es más fácil brindar esta ayuda porque ya soy consciente de lo que se puede hacer y de lo que no; ni la tecnología ni las agencias pueden contribuir más que una persona que ya ha pasado por el camino de la experiencia.

Vivimos en un mundo muy complejo en el que nos arriesgamos a perder nuestra integridad, nuestros valores humanos e incluso, nuestra identidad, pero es nuestra decisión si queremos quedarnos con los brazos cruzados o decidimos ayudar quien lo necesita. A pesar de todo lo que pueda suceder, cada experiencia es tan solo un capítulo más en nuestra vida en el que no podemos permanecer indefinidamente; debemos seguir adelante.

Ayudarle a mis colegas para que puedan cambiar su mentalidad pesimista, me hace sentir bien; creo que más personas deberían de hacerlo.

En muchas ocasiones, los taxistas se sienten frustrados debido un mal día o porque no saben cómo solucionar sus problemas. Eso es lo que me animó a escribir este libro. Todos los días, traté de ponerme en los zapatos de mis compañeros frustrados para encontrar una solución que les permita arreglar sus problemas.

Estoy agradecida con Dios y con las personas que me piden consejo a pesar de mis propias fallas, porque entienden que los errores son normales en los seres humanos. Considero que precisamente gracias a mis equivocaciones, a mis virtudes y a mis experiencias, es que puedo ser de gran ayuda, puesto que hay aprendizajes que sólo se obtienen con el paso de los años. Por mi parte, les comparto algunos de los desatinos que yo cometí, pero que estoy segura de que no volvería a cometer, si es que regresara a este trabajo.

Los mismos errores que yo cometí, muchos taxistas los están cometiendo, lo sé porque entrevisté a varios de mis colegas. El primer error es no actuar a tiempo cuando te dan un ticket, descuidando así la licencia al grado de poder perderla. Tanto la ciudad como la ley esperan a que te descuides para cobrarte muchísimo dinero a modo de multas, no les des ese gusto. El segundo error es desconocer las normas que tiene cada ciudad en la que se decide hacer este trabajo; tengan en cuenta que hoy en día podemos buscar esas reglas con facilidad, gracias a la tecnología. Algo que en mi tiempo no existía. Otro error que también cometí como chofer en la ciudad Nueva York, fue no poner atención cuando me llegaban recordatorios para renovar la licencia. Por otro lado, te aconsejo no meterte en deudas, sé que crees que puedes pagarlas porque ganas mucho dinero al día; sin embargo, se puede volver un vicio del que nunca vas a poder salir si no tomas una decisión inteligente. Estos son algunos errores que yo cometí y espero que ustedes no los cometan. Las soluciones las apliqué muy tarde: recuerdo que hubo un momento en el que quise regresar al volante, después de haberme retirado, pero había acumulado tantas multas que no pude volver porque me costaba mucho dinero pagarlas, eran miles de dólares los que tenía que invertir para volver a tener mi licencia de chofer. Así como ganaba miles de dólares, asimismo llegaban las multas, pero no les ponía atención. Como consecuencia, tuve que decidirme por iniciar otro negocio.

Un consejo: si eres mujer y conduces un taxi, trata de vestirte lo más profesional que puedas, esto lo digo porque cuando somos independientes, pensamos que no tenemos un jefe que nos vigile, pero sí que lo tenemos, y principalmente es masculino. Si tus clientes no te ven vestida adecuadamente pueden pensar que quieres provocarlos; aunque lo cierto es que no es así.

Hoy en día, he visto a conductores con 30 años de experiencia o más, sintiéndose sumamente frustrados debido a que ya no ganan lo mismo que antes. Esto es porque la tecnología actual es una herramienta que los más jóvenes están aprovechando para generar más ingresos, lo que no existía hace 10 o 15 años. Sin embargo, ningún conductor debe de concentrarse sólo en los procedimientos de antes ni en lo que perdieron; por el contrario, es importante enfocarse en los beneficios que pueden obtener si deciden aprender cosas nuevas y fluir con la tecnología. El taxi ha evolucionado mucho, pero, aunque ganes menos porque hay más choferes en la calle, sigue siendo un buen medio de sustento; tanto, que hay jóvenes universitarios, policías, empresarios y hasta a actores famosos que han decidido trabajar como taxistas de tiempo parcial o completo, según las circunstancias de cada uno.

Por supuesto, cuando trabajaba como taxista, recuerdo que hace muchos años llegó un momento en el que ganaba hasta 3 mil dólares en una semana. Se podía porque no había tantas restricciones o competencias como las de hoy; por eso vemos tantos casos de conductores con frustraciones. Muchos han adquirido deudas por hacerse de sus vehículos o comprar sus casas, porque no están ganando los dólares que se habían imaginado. A ellos les digo que no importa la competencia, porque siempre hay soluciones. Pueden encontrar a sus propios clientes y proporcionar un buen servicio si se lo proponen.

Secretos de los taxistas

¿Qué tan común puede ser que a un taxista le propongan tener relaciones sexuales en el asiento trasero de su vehículo, mientras él está al frente del volante? Como taxista, el vehículo es la empresa para la que trabajas, pero, ¿qué tan frecuente es que los clientes se metan droga, te dejen un maletín con dinero, una persona se esté muriendo o que una señorita esté dando a luz a su bebé adentro de tu vehículo? ¿Cuántas veces tú como taxista, tuviste que dormir en tu vehículo, ya sea porque no te dio tiempo de llegar a la casa, porque te quedaste sin gasolina en un horario en el que no se puede ni pedir ayuda o, quizás, porque no tienes en dónde vivir? Todas estas cosas pasan cuando eres taxista. Claro está que los tiempos han cambiado muchísimo y van a seguir cambiando, es por eso que trato de sensibilizar el corazón de cada persona, ya sea cliente o taxista.

Este es un trabajo muy liberal en el que puedes ganar mucho dinero, te puedes endeudar bastante o abandonarlo en un abrir y cerrar de ojos.

¿Serán las mujeres taxistas el blanco de muchos hombres que las acosan mientras los llevan a su destino? A mí me pasó muchísimas veces. Frecuentemente era el blanco de algún turista o de un cliente local en la ciudad de Nueva York. Mientras manejaba, me contemplaban como si fuera un objeto sexual. Sé que a muchas mujeres les pasa lo mismo, y cada una de nosotras debemos de afrontar la situación de la mejor manera, ya que el resultado dependerá de cómo tomemos las cosas. Sin embargo, no siempre sabemos cómo defendernos; también me pasó. Por ser mujeres estamos expuestas a todas estas preocupaciones que no solamente suceden al ser conductora de un taxi, sino en la vida diaria. En cualquier trabajo que desempeñamos podemos ser el blanco de un predador sexual. Un hombre puede aparentar ser normal poniéndose una corbata, pero de repente, comienza a hablar de sexo o a preguntarte si irías con él a la cama. Esto pasa en muchos lugares.

Pan para hoy; hambre para mañana

Es la realidad detrás del volante. Muchos taxistas ocultan la realidad de lo que es ser un taxista, lo digo con certeza porque lo viví cuando recién empezaba en un mundo de hombres, con la desventaja que eso implica al ser mujer. En el caso de los hombres, siempre trabajaban y trataban de mostrar que ganan más de la cuenta. En muchos casos para que los vieran como personas que ganaba muy bien. Sí se puede decir que se gana bien, pero la realidad puede ser otra cuando se logra cierta cantidad, y se hacen planes con gastos muy por encima de lo que se gana, por lo que se termina pidiendo prestado a un amigo o un prestamista. Ahí es cuando creo que se va convirtiendo en un vicio. Yo también pasé por esta situación muchas veces. Hoy puedes tener para comer y disfrutar, pero al día siguiente, quizás, no tengas ni para echarle combustible a tu auto, a fin de seguir trabajando.

A lo que me refiero es que en muchos casos pasa, cada vez con más frecuencia, que el chofer, especialmente en la ciudad de Nueva York, genera doscientos dólares en un día, pero debido a todas las normas que han puesto y a las miles de cámaras de velocidad que hay, el conductor recibe muchas multas por correo, por exceso de velocidad. Entonces, si tienes doscientos dólares que ya te ganaste, resulta que te das cuenta que los tienes que pagar en infracciones; de repente te quedas sin un dólar y puedes hasta pasar precariedades. A todo esto, solo les puedo decir que no hay errores, solo hay lecciones: los errores son para aprender. Como decía el gran escritor Henry Ford, "los obstáculos son esas cosas aterradoras que ves cuando apartas la mirada de tu objetivo". Yo diría que por estos tiempos, cada vez se van a poner más difíciles las cosas para el taxista, así que enfóquense en el objetivo. La fe es primero, luego recuerda que cada pasajero es una entrada más para tus planes financieros, ya sea poco o mucho.

El taxi: ¿trampa o realidad?

Hoy en día, muchos se hacen esta pregunta: ¿será el taxi algo que tiene su trampa?, quizás también se preguntan, si en realidad funciona; tengo estas dudas todos los días, y es que la industria del taxi ya no es ni será la misma. Esto lo podemos ver en las diferentes formas en que el taxi ha evolucionado mundialmente. Yo también buscaba estas respuestas cuando comencé hace 15 años, pero en ese entonces los taxis no eran algo para hacerte millonario, como se puede ver hoy en día, y es por eso que muchos cuestionan si se trata de una trampa o una realidad. Para aclarar estas dudas es que hay que educarse sobre el tema de los taxis.

"Taxi" es una palabra fuerte, podemos ver cómo es mencionada en todos los medios de comunicación, redes sociales y conversaciones personales; muchos se preguntan quién está detrás de esa palabra que genera tanto dinero a muchas aplicaciones de internet y a miles de empresas que están haciendo muchísimo dinero con el taxista; entonces, existe la duda sobre si realmente puedes hacer dinero o si puedes tener independencia y ser tu propio jefe. Sin duda alguna, claro que sí, pero para hacer todo eso, es un proceso, y lo digo basada en mi experiencia de tantos años. Respeto el trabajo de estas empresas y aplicaciones: es algo grandioso. Quizás algunos no están ganando lo mismo que antes o las vean mal, pero en mi opinión, son lo mejor que ha pasado, por el simple hecho de que hoy en día, miles de personas que no tenían trabajo, ahora lo pueden tener solo con manejar sus carros.

Sin embargo, lo que sí quiero es que no sólo se tomen en cuenta las palabras taxi, dinero y aplicaciones. Quiero que cada día se tomen en cuenta a quienes hacen esto posible, a esos hombres o mujeres, padres y madres de familia, hermanos o hijos de alguien; es decir, a todos esos seres humanos, porque los "taxi robot" aún no están. Entonces, como siempre digo, si el taxi da tanto de qué hablar y les genera tantos ingresos, ¿por qué los que ganaban al menos $200 dólares a la semana, hoy están perdiendo sus carros, casas, licencias?, ¿qué está pasando? Esto también es una realidad, las ciudades y los gobiernos dicen que hay más personas trabajando, sí, es una realidad, pero ¿cómo podemos saber si es una trampa? Es una pregunta válida, pero no se trata de que sea una trampa en sí; por eso, en este libro, enseño cuáles son las realidades y cuáles son las trampas. Entonces puedes aplicar las soluciones que también explico.

Hoy vemos muchas realidades en cuanto al taxi se refiere, podemos ser testigos nosotros mismos con tan solo buscar en las redes sociales, e incluso, en los medios de comunicación; una de esas realidades es que los taxistas con más de una década de trabajo, así como también compañías que ya tienen 20 y 30 años de historia, se están yendo a la bancarrota. Siempre se pierde o se gana, así lo veo, aunque sea injusto, pero es que hay miles de personas que sí se benefician de los cambios del taxi. Aunque por supuesto, también hay algunas que se ven afectadas. Durante los últimos 10 años, he visto las guerras de estas compañías de taxi, luchando contra la corriente porque no aceptan que la tecnología es una realidad que llegó para quedarse, y que lo mejor es unirse con el presente y el futuro, no con el pasado.

Lo que debemos hacer para estar en armonía y trabajar tranquilos, es simple: aceptar las realidades y no quedarse estancados como muchos lo están haciendo. Incluso, en este libro, explico cómo no sólo se trata de "esperar", a ver si es realidad eso de que se puede hacer dinero con el taxi, sino de buscar las vías alternativas a la "trampa" porque, claro, detrás de la tecnología hay un ser humano. Entonces, si quienes deciden trabajar de taxistas, lo hacen con cabeza, todo es posible; quizás no se hagan ricos o millonarios, pero por lo menos, pueden trabajar tranquilos y tener una vida organizada. De algo hay que estar claros, siempre van a existir los clientes, entonces, ¿por qué quedarte en medio de los lamentos, perdiendo lo que ya construirse por tantos años? Esto es algo que se puede solucionar con el simple hecho de ser realista y aceptar los cambios. Es simple, si cuando nacemos empezamos como niños, después como adolescentes, luego como adultos y finalizamos como ancianos; entonces con el taxi es igual: habrá cambios continuos, quienes los aprovechen y trabajen de acuerdo con las circunstancias, permanecerán. Los otros, simplemente, se quedarán viendo cómo se arruinan.

Me acuerdo que cuando comencé como taxista en Nueva York, todo era muy difícil porque tenías que tener una licencia especial y un carro registrado con una placa diferente, eso todavía existe, pero sé que algún día tiene que desaparecer, porque, por ejemplo, la ciudad de Nueva Jersey está a sólo 15 minutos de Nueva York, sólo hay que pasar por un puente o un túnel, lo que quiero decir con esto es que esas compañías que están detrás del taxista, antes eran muy poderosas porque el taxi dependía de ellas para trabajar legalmente, pero hoy en día nadie les tiene miedo porque en la mayoría de las ciudades ya no son necesarias. Por eso veo a muchos choferes mudándose a esas ciudades, donde no necesitan otra licencia aparte de la de motores y vehículos, menos un carro al que tienes que invertirle más de 15 mil dólares para trabajar, así es en Nueva York. En esas otras ciudades, sólo necesitas un carro y una licencia, por eso es que digo que la realidad y la trampa existen, pero es el propio taxista el que tiene que averiguarlas.

Hoy vivo en una ciudad donde veo a tantos taxistas trabajando sin estrés, que cuando me monto en uno, lo primero que les pregunto es ¿cuánto tiempo tienen trabajando en taxis? La respuesta casi siempre es la misma: "Tenía otro trabajo y lo dejé porque con sólo tener mi carro puedo ser mi propio jefe, y ganar lo que me disponga". Cuando escucho esas respuestas, me quedo asombrada, porque veo que algunos de esos choferes han pagado mucho dinero en universidades. También me he encontrado taxistas que me han dicho que antes trabajaban en Nueva York, pero que se mudaron a esta linda ciudad, porque aquí no exigen tanto para el funcionamiento del taxi; aparte, el tráfico es menos concurrido, lo que se traduce en menos estrés. Muchas personas amamos Nueva York y quisiéramos estar allí trabajando de taxistas, pero la verdad es que aquí hay muchas cosas que no podemos evitar, como por ejemplo, esas compañías que quieren controlar al taxista con muchas reglas y multas que no tienen sentido. Llegué a presenciar muchas multas a mis colegas, y yo también recibí algunas; eran multas que ellos simplemente aplicaban a tu récord para que aparecieran en tu licencia; entonces, estas compañías te multaban por encima de eso, y la mayoría de las veces ni te enterabas, hasta que ibas a renovar tu licencia de taxi o a registrar el vehículo.

Por eso es que una de las cosas que quiero lograr con este libro, es dar a conocer lo que pasa para que se puedan mejorar las cosas, se tomen las acciones necesarias, y que quienes quieran trabajar como taxistas estén informados de la realidad. Además, puedan sacar provecho de lo bueno que es este trabajo; de verdad, no todo es malo, hay muchísimas cosas buenas: una de ellas son los clientes.

Mi historia desde el principio

Inicié como taxista cuando mi hijo Jorge tenía un año de edad, y yo trabajaba como camarera en un restaurante en Brooklyn, llamado Santo Domingo, – al mismo tiempo, estudiaba. En ese tiempo los propietarios, los hermanos Tino, Rafael y Chichi Pérez, decidieron vender el negocio; fue entonces cuando conocí a un caballero, que sigue siendo mi amigo, llamado Juan Henao, quien iba a comer allí todos los días. Él era taxista, así que una vez le pregunté cuánto ganaba, y me respondió que mínimo 200 dólares a la semana. En ese tiempo, eso para mí era bastante, y cuando le dije que me preocupa quedarme sin empleo debido a la venta del restaurante, me explicó que lo que tenía que hacer era sacar una licencia de taxista de la Comisión de Taxis y Limusinas de Nueva York, NYC TLC, por sus siglas en inglés. Ellos son los que controlan los taxis de esta ciudad.

Unos días después me decidí a ir a esa oficina. Recuerdo que acababa de cumplir los 21 años de edad que se requerían para esa licencia. Nunca olvidaré que cuando llegué a ese lugar, todo el mundo me miró, me dijeron que era la mujer más joven que había solicitado esa licencia. Finalmente, logré aplicar y me la aprobaron. En aquellos tiempos, esa oficina te la entregaba el mismo día; las personas que estaban allí me aplaudieron, realmente fue impresionante, fue una sensación muy agradable.

Después de la licencia, necesitaba el vehículo, porque no podía usar mi auto personal, tenía que trabajar con un vehículo en cuyas tablillas se leyera TLC. Las cosas se iban resolviendo poco a poco… Un sobrino de Juan, llamado Milton Jerez, me habló de otro amigo llamado *Rafi*, que estaba alquilando un vehículo para uso de taxi, y pedía $250 por el alquiler. Me fui a la empresa en la que Juan, Milton y Rafy trabajaban, llamada City Line. Cuando llegué allí, sentí una emoción muy grande, porque uno de los socios, Ángel Shirhan, me hizo la entrevista y me asignó el número 12: en esos tiempos, todos teníamos un número para identificarnos. Así empezó mi gran carrera detrás del volante.

Con esa empresa duré 5 años, logré tener mi propio vehículo y también mi clientela. Fueron muchas las experiencias —malas y buenas— que viví en ese tiempo, así que estoy agradecida primero con Dios, después con City Line y con los compañeros que me apoyaron. A los 5 años tomé la primera mala decisión de cambiar de trabajo, que fue cuando intenté comprar un negocio de comida, porque había sido mi sueño. Con eso duré casi 2 años, pero reconozco que no hice bien las cosas, porque no tenía experiencia con ese tipo de negocios.

Algo que te puedo aconsejar es que si ya ahorras como taxista y estás haciendo dinero como taxista, no trates de cambiarlo por algo de lo que no tienes ni idea, porque hay muchas probabilidades de que fracases y quedes con deudas, como me pasó a mí. Perdí mucho dinero y tiempo, no lo recomiendo. Lo cerré y regresé a lo que me gustaba, y que sabía que nunca debí dejar: el taxi. Pero decidí empezar de cero y moverme por la ciudad, no como taxista regular, sino como chofer. Con un buen vehículo y con ganas de seguir luchando, comencé y me iba bien. Me encontré con muchas personas importantes, así es como fui escalando a lo más alto que, como mujer y chofer, podía llegar. Estaba en una etapa en la que ganaba hasta 2.000 dólares semanales. En esa época, en la ciudad de Nueva York era muy fácil hacer conexiones para conseguir buenos clientes, gracias a los miles de turistas que llegaban al año. Fui creciendo, cada vez tenía mejores conexiones, estaba dentro de uno de los mejores hoteles de Manhattan, y eso me ayudó a progresar. Seguía buscando conexiones con los actores, deportistas, artistas, llegué incluso a trabajar con medios de televisión, pero a pesar de esas cosas buenas que me estaban sucediendo, comencé a cometer errores.

Por alguna razón, empecé a descuidar las cosas más importantes, y con el tiempo, eso me llevó a mi final como conductora; no mantuve mis papeles en orden ni cuidé mi licencia, fue un error muy grave, por eso lo relato, para que los miles de taxistas que están allí afuera lo tomen en cuenta cada vez que reciban una multa, ya sea por celular o de tránsito, algo que nos puede pasar a todos; hay que prestarle atención y no olvidarlo.

Fue entonces cuando entré en pánico y decidí emprender otra vez el negocio de la comida, lo cual fue una experiencia muy difícil que me marcó para siempre, pero que hoy estoy superando. Volver a meterme en ese mundo sin conocer al 100% cómo se manejaban las cosas, y eso que ya me había pasado, tuvo sus consecuencias. También puedes encontrarte con personas que se aprovechan de eso, pero la realidad es que la única culpable fui yo, porque estaba en mis mejores momentos como chofer, y por miedo de perder mi licencia decidí parar y buscar el dinero que me faltaba metiéndome en otro negocio de comida. Esto me sirvió de experiencia para aprender a cuidar mi trabajo como taxista y compartir algunos consejos a todos ustedes, ya que nos brinda tanta libertad. Yo no me podía dar cuenta en esos momentos que venían los mejores momentos para la industria del taxi, con más opciones y tecnología. Eso ha sido bueno para unos y malo para otros, pero sin importar lo que me sucedió, lo que quiero resaltar es que no hagas estas cosas, no repitas mis errores y, en su lugar, aprendas de ellos. El taxi es algo que siempre –o por lo menos hasta que vengan los carros robots– servirá para hacer dinero, así que hay que atender las cosas que hay que atender.

La diferencia entre un taxista y un chofer

En mi experiencia, empecé como taxista y terminé como chofer, aunque se pudiera decir que ambos trabajos son casi lo mismo, sí tienen muchas diferencias. Por ejemplo, en muchas ciudades como en Nueva York, el taxi es amarillo y es un símbolo muy famoso, muchos hacen bien su trabajo, pero muchos otros han dañado su buen nombre; el funcionamiento de los taxis también es diferente, pueden recoger clientes en cualquier lugar, las personas sólo tienen que señalarlos. De verdad, se conocen todos los lugares, al menos los de Nueva York, y, en el pasado, nos aprendíamos todas las direcciones sin un nivel de tecnología como el que existe ahora.

Con el taxi amarillo no tienes que hacer reservaciones. Existen cinco tipos diferentes de taxis que no son sólo amarillos, sino de cualquier color, muchos de estos tienen empresas que les asignan clientes por medio de llamadas; por ejemplo, comencé en una muy buena compañía, llamada City Line Car Service, ubicada en Queens, Nueva York. Las cosas han cambiado mucho con esas empresas en los últimos años debido a la tecnología, por un lado, esto ha sido muy bueno porque da opción de trabajo a muchas más personas que quieren probar suerte como taxistas, pero, por el otro lado, es triste ver cómo taxistas profesionales con 20 años de experiencia, ahora están al mismo nivel de alguien que acaba de comenzar.

Siguiendo con las diferencias entre un taxista y un chofer, también existen otros llamados Gypsy Cab, estos son carros que están en las esquinas, bajo una estación de tren o parados frente a un centro comercial o incluso frente a un hospital, lo bueno es que estos cobran precios muy bajos y te llevan a donde tienen que ir. Los respeto, pero tienen algunas cosas malas, como que son de categoría muy baja según entiendo, por eso cobran muy poco, como un dólar por 10 cuadras, pero si dejas algo personal en el vehículo, será difícil que lo recuperes, porque no están afiliados a ninguna empresa con la cual te puedas comunicar. Si bien hay muchos tipos de taxis diferentes, hay que respetar a cada quien, pero tenemos ganarnos ese respeto, tanto el conductor del taxi que trabaja muy duro como los clientes que necesitan de estos servicios.

Otra diferencia entre un taxista y un chofer es la vestimenta, los taxistas regularmente se visten como quieran; perdón por decir esto, pero muchos andan como si fueran a botar basura en la calle, lo que considero una falta de respeto para el cliente. Los choferes, que en su mayoría andan en vehículos de lujo, deben vestirse de forma profesional, incluso muchas compañías exigen chaqueta y corbata, porque casi siempre son contratados por grandes empresas, artistas, deportistas o para eventos grandes como: bodas, bautizos y graduaciones. También, los choferes que trabajan por hora en Nueva York son muy famosos porque están en línea con los hoteles.

Yo trabajé como chofer los últimos 8 años, y de verdad me encantaba, tuve la oportunidad de conocer a muchas personas famosas, además de que los clientes son muy educados y respetuosos. Un chofer también es quien ya tiene suficiente experiencia como para decidir construir su propia empresa y no depender de las reservaciones de otra.

¿Cómo puedes hacer para tener tu propia empresa de taxis?

Puedes tener tu propia compañía de taxis siempre y cuando entiendas que todo tiene su lado bueno y malo, no es difícil, pero tienes que tener alguna experiencia para captar clientes y un par de conductores que cubran una carrera cuando a ti no te sea posible. También debes informarte con un experto acerca de cómo obtener tu propio número de identificación para pagar impuestos, que debes pagar para no caer en problemas de los que te puedes arrepentir. Por supuesto, estos consejos son en caso de quieras abrir una empresa para ti, porque si tu plan es abrir una compañía para contratar más taxistas o choferes, los pasos son más complicados.

Como expliqué antes, si tienes tu empresa para ti, sólo tienes que hablarles a un par de amigos para que se te unan y se compartan las carreras entre todos. Lo que viene después es preparar un buen vehículo; así de simple es montar tu propia empresa. Para comenzar a conseguir clientes, una buena forma es haciendo tarjetas y volantes promocionales, y repartirlos en el área donde vas a trabajar. Además, aprovecha las facilidades de la tecnología de hoy en día y abre una cuenta en las redes sociales, es una de las mejores maneras de conseguir clientes, claro, tendrás que organizarte con las reservaciones y hacer un plan basado en la competencia, porque debes conocer los precios del mercado. Nunca dejes de promocionarte, asiste a eventos y deja tus tarjetas, ve a la escuela de tus hijos y déjales saber a los otros padres que si necesitan que alguien les recoja a sus niños, tú puedes hacerlo –siempre y cuando estés dispuesto a cumplir–. También asiste a lugares donde haya conciertos, a las discotecas, clubes, bares...donde haya una fiesta, encontrarás clientes. Entrega tarjetas en la entrada y seguramente alguien te llamará al salir.

Te aseguro que cada cliente al que montas en tu vehículo y le das un buen servicio, te volverá a llamar. No te desesperes si en una semana entregas 500 tarjetas y sólo recibes dos llamadas, ya estás ganando, poco a poco, es un comienzo positivo; verás que llegarás lejos. Otra recomendación es ir a las agencias de viaje, pide hablar con la persona a cargo o propietario y ofrécele una pequeña comisión por todos los clientes-turistas que te envíen. Te lo digo, las ganancias son muy buenas porque todo el que entra a una agencia es porque va a viajar, y esas personas necesitarán ir al aeropuerto; si tienes suerte, también te pedirán tu servicio para que los recojas cuando regresen de viaje. Por eso digo, tienes que seguir promocionando donde sea que vayas. También recomiendo tener siempre algo para ofrecerles a los clientes, ya sea agua o caramelos.

Los hoteles también son importantes. Así comencé a tener más clientes. Todas las ciudades tienen hoteles y lo único que debes hacer es tratar de hablar con el portero, incluso, con la persona encargada de la gerencia y pedirles que te permitan estacionarte cerca de allí para que te llamen si los huéspedes necesitan un chofer para transporte. Asegúrate de vestirte de forma profesional y mantener tu vehículo limpio. Ellos se fijan mucho en esas cosas. Ten por seguro que si les das un buen precio y un buen servicio, ya te los ganaste, te van a recomendar.

Una vez que hagas estas cosas, es posible que logres tener tu propia empresa. Así fue que conseguí muchos clientes que todavía me llaman, y lo que hago es referirlos a otros conductores. Por esto, si quieres también puedes ganarte algo, porque al final son tus clientes.

Como organizar tu vida si eres taxista

En algún momento como taxista, apliqué algunas medidas para mantener todo organizado y me funcionaron. Aquí explico algunas, basadas en lo que hice y en otros taxistas que también llevaban una vida organizada.

Una de las primeras recomendaciones es que mantengas todos tus papeles en orden, así que cuida mucho tus licencias y los papeles del vehículo, también hay que tener un equilibrio mental y físico; es muy importante ejercitarse al menos dos veces a la semana, recuerda que se pasa mucho tiempo sentado y muchas veces toca comer dentro del vehículo. Sobre este punto, hay que tratar de no comer cosas muy pesadas porque te puedes enfermar o necesitar ir al baño mientras estás con un cliente.

Por otra parte, no mezclar la vida de taxista con la vida familiar y personal, se debe tratar de mantener estos aspectos separados lo más posible, así no se mezcla el estrés del tráfico y los clientes con el hogar, porque, al final, será una situación muy incómoda si no aprendes a darle su tiempo a la familia, esto te irá estresando y tiene un grave efecto sobre la salud. Trata siempre de mantener tu salud lo mejor que puedas, porque conozco a muchas personas que terminan enfermas por el simple hecho de no perder un día de trabajo. Si no te organizas y te tomas al menos dos días libres a la semana, sentirás cansancio. También debes tomar al menos una semana de vacaciones al año, ya sea por tu cuenta o con tu familia; de lo contrario, te arriesgas a perder todo lo que ganaste pagándoselo a un doctor, y quizás nunca te recuperes: algo que no le deseo a nadie. El riesgo no es sólo de enfermarte, pudieras incluso perder a tu familia.

Mi siguiente recomendación es que te asignes un sueldo, no importa si es mucho o poco, pero si no te elaboras un sueldo consciente con tus gastos, entonces siempre vas a estar desorganizado, eso te lo garantizo. Trata siempre de guardar algo de dinero. Si no sabes cómo ahorrar, hoy existen muchísimas herramientas en internet, como aplicaciones, que te pueden ayudar. Incluso, puedes ir a un banco para que te expliquen cómo comprometerte con un plan de ahorros, actualmente existen muchas facilidades, y esto lo digo porque cuando trabajas como taxista puedes comprar un vehículo y garantizar tu asiento, pero si no te haces un plan de ahorro, puede pasar que un día, Dios no quiera que pase, le ocurra algo al vehículo, te suspendan la licencia, tengas un accidente o cualquier otra cosa. Si algo así llega a pasar, ya estarías preparado con un pequeño ahorro, incluso para poner en marcha otro negocio si estás bien de salud. Esto te sirve hasta en el caso de que quieras dejar de trabajar por un tiempo, así podrías vivir de tus ahorros.

Todo esto lo digo con el corazón. En ocasiones, estuve en situaciones malas por problemas de salud, fallas en mi vehículo y algunos accidentes; en muchas de ellas no tenía nada guardado, tuve que acudir a amigos, familiares o incluso, a prestamistas sin escrúpulos.

Siguiendo con los consejos para llevar una vida organizada, es necesario mantener la armonía en tu hogar. No lleves tus problemas como taxista a casa, es normal que ocurran cosas que te estresen durante el día, pero no es lo ideal llegar a casa y tener más problemas. Ya sea que vivas con una pareja, con tus hijos, si los tienes, vivas solo o con un compañero de cuarto, trata de conservar el equilibrio en ese espacio de tu vida y deja los aspectos laborales detrás del volante.

Otra de las cosas que debes evitar, en mi opinión, es no caer en las manos de esas compañías de autos que te ofrecen comprar "fácilmente" un vehículo. Es algo que ocasiona muchos problemas y estrés, porque si bien ofrecen facilidades de pago, si a ti te pasara algo que te impida trabajar, como una enfermedad, ellos se llevan el vehículo. Si intentas recuperarlo, tendrás que pagar mucho dinero; de lo contrario, perderás todo lo que pagaste antes. La mejor opción es ahorrar y comprarlo en efectivo, si no puedes, entonces trata de mantener un buen historial crediticio y ve a un banco reconocido donde te dan la opción de ponerle un seguro al préstamo, por si en cualquier momento no puedes trabajar. Esto te cubre mientras vuelves a generar ingresos. Esto es parte de lo que debes hacer para llevar una vida organizada. Por último, paga tus seguros y deudas a tiempo.

Un día productivo y positivo

Tener un día positivo es tener por seguro que vas a ganar más de lo que te puedes imaginar. Estas son algunas de las claves que yo aplicaba, tómalas como consejos que te ayudarán a no cometer errores, ya sea que estés trabajando como taxista o quieras hacerlo en el futuro. Aplica las medidas correctas y saca el mayor beneficio; de lo contrario, lo puedes lamentar. Salir de la casa con una actitud positiva y tomar las decisiones adecuadas, impactan mucho en nuestro día a día.

Cuando haces acciones positivas, te enfrentas a cosas positivas que nos hacen ganar mucho dinero, pero no sólo se trata de dinero, sino también de lo más importante: tu salud. Recuerdo que la mayoría de las veces salía feliz, con una actitud sonriente, a pesar de que quizás tenía razones y deseos de llorar o quería quedarme en casa, pero aplicaba esas actitudes positivas y me cambiaba el día a uno excelente, cargado de energía y productividad laboral, tanto mental como físicamente. Hubo momentos en los que como ser humano, estaba pasando por situaciones difíciles y salía a trabajar con una actitud pedante y negativa; entonces, algo siempre salía mal, pero si puedes tener actitudes y acciones positivas, tienes más oportunidades para que las cosas salgan bien. Si sales de casa con un problema o te sientes negativo, trata de no mostrarlo frente a los clientes, porque ellos no saben por lo que estás pasando y no tienen por qué soportarlo.

Hasta donde recuerdo, nunca tuve problemas con un cliente, pero si pasó, pido disculpas; hoy en día tengo muchos amigos en todo el mundo que eran mis clientes. Aunque por supuesto, tuve muchos días difíciles, como accidentes de tránsito o situaciones personales; sin embargo, gracias a Dios nunca lo mostraba frente a un cliente. Es por eso que me contrataban continuamente. Si quieres tener más clientes, tienes que mostrarte con una actitud positiva ante ellos cuando están en tu vehículo. En la actualidad, hay muchas maneras de salir con una mente positiva y creativa. Gracias a la tecnología, podemos escuchar algún audio mientras manejamos. Si lo deseas, puedes hacer una buena oración para pedirle a Dios que sea quien tome el control de nuestro día y caminos. No importa la religión que seas, pero creo que orar es algo primordial que debemos hacer antes de salir. En este trabajo, sabemos que dejamos nuestros hogares, pero no sabemos si vamos a volver, por eso hay que ser realistas y saber que enfrentamos muchos peligros, pero tenemos muchas más facilidades para salir y regresar bien, si aplicamos estas recomendaciones en nuestros días de labor.

En mi tiempo fui testigo de que algunos compañeros empezaban con una actitud muy negativa y su jornada era poco agradable también. Poco se preocupaban en aplicar pequeñas acciones que les permitieran mejorar su día. Tener una buena actitud depende, en gran medida, de cómo programes tu mente. Por ejemplo, un audio que escuché muchas veces decía que somos responsables de la mayoría de las cosas que suceden en nuestras vidas, que los pensamientos y las palabras son muy poderosos. Entonces no importa qué creencia o educación tengas, hoy hay todo tipo de información en las palmas de nuestras manos. Toma en cuenta lo que te digo, un audiolibro puede ser un buen compañero en los días laborales.

Recuerdo –y agradezco– a dos amigos muy importantes en mi vida: Carmen Pina, que no sólo es mi amiga, sino que también era la dueña de la casa donde vivía en Queens, y a José. Ambos me enviaban siempre audios muy positivos en las mañanas; ella me enviaba audios con oraciones diarias y él me mandaba audios de autoayuda personal y positiva. En este trabajo, al igual que en nuestra vida diaria, tener personas que quieren verte bien, vale mucho.

Además de las acciones positivas para tener éxito, también cuenta mucho tener a tu lado gente que no sea negativa. Bien lo dice el refrán: "Dime con quién caminas y te juntas, y te diré quién eres o en quién te conviertes". No se trata de negarles a otros nuestra amistad, pero sí tenemos que tomar en cuenta que en este trabajo como taxista, y en cualquier otro, hay mucha gente y cosas tóxicas que sólo nos quitan energía. Está en nosotros descifrar con quién debemos juntarnos o, incluso, a quién escuchar.

Conserva a tus clientes

Te doy estos consejos porque a través de mi experiencia te puedo facilitar el camino para que aprendas a conservar a tus clientes. Me considero una experta en esa área, así que aplícalos lo mejor que puedas. Hasta hoy, a pesar de que ya no trabajo como una taxista, muchos clientes de diferentes países y ciudades continúan buscándome como su chófer personal o coordinadora de turismo. Espero que a ti te sirvan de algo las acciones que yo tomaba; considero que eran correctas. Claro, cada quien tiene diferentes formas de conservar a sus clientes, pero aquí explico las mías.

Primero, no cambies tu número de teléfono ni mucho menos tu correo electrónico. Tengo 16 años con el mismo número y 8 con el mismo e-mail, porque el día en que menos te lo esperas, recibes un aviso de alguien que requiere de tus servicios, y si se comunica contigo es porque le diste un buen servicio y quiere que nuevamente le proporciones tus servicios o porque alguien te recomendó.

Lo segundo, y lo más importante, es un buen servicio al cliente, por ejemplo, siempre darles la razón, nunca ser agresivo, nunca llegar tarde, pero si vas a llegar tarde, explicarle claramente el porqué no les puedes recoger. Otra cosa es no abusar de los precios, cobra lo que es justo por tus servicios, debes de ser honesto contigo mismo y con los clientes.

En tercer lugar, los vehículos nunca deben de tener un olor fuerte o música a todo volumen, porque recuerda que el cliente nunca está en tu asiento, sino en los asientos traseros o en el del copiloto, donde las bocinas se escuchan con mayor intensidad, por lo tanto, hay que ser moderados. También se debe tener siempre un botiquín de primeros auxilios y, por supuesto, recuerda llevar agua, es muy importante. Otro de los aspectos a recordar, es mantener el tanque de gasolina lleno, porque resulta muy poco profesional detenerte para cargar gasolina cuando trasladas a un cliente, ya que puede retrasarlo y te aseguro que no le va a gustar; a mí me pasó. Llevar algunos dulces puede ser de gran utilidad en caso de que un niño esté gritando; siempre funciona para tranquilizarlo. Pocos conductores piensan en llevar una bolsa por si el cliente quiere vomitar. Tómalo en consideración, porque me lo vas a agradecer si algún día la ocupas.

Uno de los consejos más importantes que puedo darte, es que valores a los clientes como personas, no sólo como clientes, así que preocúpate por tener una comunicación profesional y clara, mantén una agenda para recordar los días festivos, como navidad, día de acción de gracias, y sobre todo, sus cumpleaños. Si tomamos en cuenta a los clientes en días especiales, se darán cuenta de que no sólo eres un buen conductor, sino que también eres un buen ser humano en el que pueden poner su confianza; verás la recompensa por esto, porque ellos te enviaran más clientes y, así, tu empresa crecerá. Si proporcionas estos buenos servicios y adoptas estos hábitos, ten por seguro que te va a ir bien en tu trabajo como taxista.

Otro aspecto importante es que si un cliente requiere de tus servicios, trata de estar allí. Recuerda que si el cliente te llama o se comunica contigo, es porque quiere que seas tú quien le sirva. Por supuesto, hay ocasiones y casos, como nos pasa a cualquiera, incluso a mí me siguen sucediendo, en los que es imposible que puedas cumplir, pero trata de explicarle, por ejemplo, que ya tienes clientes para ese día y hora. Algo que yo hacía, ya que tenía la suerte de contar con compañeros que hacían lo mismo, era ofrecerle al cliente la opción de conseguirle un conductor para cubrir esa carrera, alguien que estuviera dispuesto a cumplir con los requisitos del cliente, a quien le va a gustar sentirse cuidado; mientras el chofer que asignaste va a recoger a tu cliente, mantente en contacto con ambos, de esta manera, los dos se sentirán respetados y seguros. Te aseguro que conservarás a tu cliente.

Una vez me llegó un correo de una clienta, Sandra Bland, de la ciudad de Georgia, ella es la dueña de una empresa llamada Onions Vidalia. Ella y sus familiares necesitaban mis servicios porque iban a ir a Nueva York, pero yo estaba en florida. Le envié a un amigo, un compañero taxista que es como un hermano para mí; es uno de los que trabajan de forma muy profesional, su nombre es José Báez. Agradezco que haya podido cubrir esa carrera en esa oportunidad. Todos estaban fascinados con el servicio que José les brindó, me dijeron que era muy profesional y puntual, y es que para darle un excelente servicio al cliente, también tienes que tener alternativas.

Espero que los ejemplos anteriores te sean de utilidad. Cualquier cosa que hagas, hazlo con profesionalismo y ética, sin importar a qué te dediques ni el tipo de experiencias que hayas vivido, ya sean buenas o malas. Así, si un día no puedes o no quieres hacer algún servicio, tendrás argumentos para pedir un favor, como lo hice yo.

Por eso les pido a todos los taxistas que apliquen lo bueno y no lo malo, que den un buen servicio al cliente y que hagan las cosas bien.

Hay otros ejemplos que recuerdo por mis buenos servicios a los clientes: tengo una clienta de Londres, que durante tres veranos consecutivos llegó a la ciudad de Nueva York para trabajar y me dejó a sus hijos de 8 y 16 años de edad para que los cuidara, los llevará al teatro y otros lugares turísticos mientras ella trabajaba. Incluso tenía que comer con estos niños, y eso es algo que te hace ser más responsable, así te sientes bien como persona. También tuve algunos clientes de México, que me enviaron a su hija Alexa, quien sólo se quedaba por un día en Nueva York. Les dije que si no querían pagar un hotel, podría quedarse conmigo, y así lo hicimos. Alexa es una chica muy inteligente y muy sonriente, disfrutamos mucho ese día, todavía lo recuerdo. Incluso, actualmente, seguimos hablando para planear cuándo vamos a repetir esa aventura. Así que, en este trabajo de taxista, te quedas no solo con muchos recuerdos lindos, sino también con momentos tristes como los que pasamos todos; por ejemplo, cuando se muere un cliente. En lo personal, tres de mis clientes fallecieron y los recuerdo todos los días.

Clientes que fallecen y nos dejan historias

El primer cliente fue una señora a la que le presté servicios durante tres años. Cuando la conocí era muy sonriente y llena de vida. Siempre me proporcionó muchas cosas positivas; yo disfrutaba con sus chistes y ocurrencias. La llevaba de compras tanto a ella como a su hija Milagros. La señora era de piel oscura, mientras que Milagros, su hija, la tenía de un tono muy claro; era la luz de sus ojos y su único pariente, aunque en realidad era adoptada. Yo siempre fui su conductora personal, incluso para ir al supermercado. Así pasó el tiempo, y como a los dos años, la señora comenzó a enfermarse. Recuerdo que había nacido una de sus nietas y ella quería estar llena de vida para verla crecer, pero a medida que pasaba el tiempo, su salud continuaba empeorando.

Era una situación muy triste. Primero íbamos al doctor una vez a la semana, después dos veces, y después a diario. Su rostro se veía gastado, su piel ya no era la misma, sus ojos mostraban tristeza y sólo yo entendía que su mayor preocupación era que no tenía a nadie a quién dejarle a su hija y a su nieta. Llegó un momento en el que no podía montarse en el vehículo por sí misma, había que ayudarla de lo mal que se sentía. Esto ocurrió durante aproximadamente dos años. Un día la llevé al hospital y me dijo, con mucha sinceridad, que le dolía tener que dejar a su hija y a su nieta desamparadas. La dejé, me fui y unas horas más tarde recibí una llamada de Milagros, diciéndome que su madre estaba muriendo y quería verme. Corrí al hospital llamado Jamaica Hospital; al llegar la vi, pero no se parecía en nada a la persona que había conocido, recordé las palabras que me había dicho, me miró muy triste, no dijo ni una palabra, era sólo una mirada triste y lejana: ella sabía que iba a morir. Regresé a casa, pero al día siguiente a las 10:00 de la mañana me llamó Milagros: —"Mi madre acaba de morir". No hay forma de explicar lo que sentí, pero todavía le recuerdo. Descanse en paz, señora Martha

El segundo cliente que murió fue James, un irlandés criado en Nueva York, era un caballero ya en sus 70 años que felizmente fue mi cliente durante tres años y medio. Tenía un bar muy cerca de donde yo vivía y trabajaba. Recuerdo la primera vez que lo recogí, le gustó cómo lo traté, era como un niño grande, pero con un carácter muy fuerte, aunque sólo se comportaba así cuando bebía. Pude notar que era muy feliz; me dijo que cuando nació, sus padres eran muy pobres. También me contó que tuvo una novia llamada Lulú con la que nunca llegó a casarse, ese era su tema cuando tomaba, a pesar de que tenía su esposa, quien incluso estaba enferma de cáncer, situación que lo incitaba a beber de más. Cabe resaltar que al ser dueño de un bar por más de 30 años, tenía que aceptar lo que le brindaban sus clientes, a fin de que se sintieran cómodos y bien tratados.

Así pasaron los años, recuerdo que se veía genial, o al menos lo aparentaba. Cuando lo llevaba al campo de golf, los viernes a las 3:00 de la tarde, lo recogía los domingos a las 5:00, esa era nuestra rutina. Hubo un tiempo en el que no podía recogerlo, así que le envié a quien era mi pareja en ese momento, Stanley, con quien el señor James se sentía cómodo. Una vez le pregunté a Stanley: "¿Cómo te fue con James?, y me dijo que había dormido desde que entró al vehículo, algo que conmigo nunca sucedió porque siempre quería hablar de sus hijos y su esposa. Un día, estando yo en República Dominicana, recibí una llamada de un amigo informándome que el señor James había muerto. Descanse en paz, señor James. Tristeza que también pasamos los taxistas.

Mi último cliente que murió fue el Sr. Tony, un italiano criado en Nueva York. Él era como algunos de esos personajes de película que son muy alegres, creo que demasiado. Fue mi cliente durante dos años; me acuerdo de todas sus ocurrencias. Él tenía una empresa de construcción y vivía en su casa en Queens, era muy humanitario, porque en su casa tenía viviendo a uno de sus empleados: un joven ecuatoriano a quien trataba como a un hijo. Lo que pasaba con tony era que le tenía mucho miedo a los hospitales y a los doctores, porque su esposa estaba en un centro de rehabilitación para personas que quedan en estado vegetal. Recuerdo que lo conocí cuando le pidió un servicio a la empresa en la que trabajé a lo largo de 5 años, y, desde ese entonces, me eligió como su conductora personal. Los fines de semana lo llevaba a los bares, lo que en realidad era su única diversión y forma de escapar de lo que pasaba con su esposa.

Normalmente lo llevaba los martes y jueves a visitar a su esposa en el centro de rehabilitación; la realidad era que ella nunca iba a recuperar su salud. Con el pasar del tiempo y la rutina, nos hicimos tan amigos que casi semanalmente me invitaba a su casa para hacerme unas deliciosas pastas italianas. Sé que Tony me tenía aprecio, y si bien su historia era triste, fue muy bueno conmigo. Un día me llamó ese empleado ecuatoriano que era como su hijo para avisarme que Tony había muerto, solo, en su casa de Queens, algo que considero triste: nadie debería de morir solo, pero así son los capítulos de la vida de un taxista. Descanse en paz, señor Tony.

Lo bueno de ser taxista

L o bueno de trabajar y ganarse la vida como taxista, según mi experiencia, es que no tienes un jefe que te esté diciendo cómo, cuándo y dónde trabajar, eso se siente muy bien. Además, puedes ponerte tus propios honorarios y tener el control de cuánto quieres ganar. Si tienes tu propio vehículo, en lugar de verlo como un gasto, puedes verlo como un beneficio, porque en realidad es tu propia empresa. Si te lo propones y haces las cosas bien, puedes ganar mucho dinero como conductor; también tienes la oportunidad de conocer diferentes personas, con diferentes culturas, idiomas, etc. Un taxi es un negocio que siempre tiene clientes, tú decides cuándo tomarte tiempo para ti, tu familia y amigos; puedes tomar tus vacaciones cuando quieras.

Yo viajé mucho porque no tenía un jefe que me dijera cuánto tiempo debía tomar, de verdad, hay muchas cosas buenas de ser taxista. Si lo deseas, incluso puedes no depender de una empresa de taxis para conseguir clientes, es algo que yo hice y es fácil, sólo tienes que preparar tu propia clientela, algo que se logra acaparando promociones y dando un buen servicio. Por un tiempo viví sólo de clientes personales, porque si les das un servicio respetuoso y de calidad, puedes dirigir tu propia empresa sin necesidad de afiliarse a una línea en la que, aunque trabajas cuando quieras, te quita un porcentaje.

Eso sí, cuando trabajas por tu cuenta, siempre tienes que mantener una relación profesional con tus clientes. Trata de proporcionar un servicio al 100%, sentir el compromiso de que si un cliente depende de ti, no puedes decirle no, a menos que estés ocupado con otros clientes; en ese caso, se debe tener una alternativa satisfactoria para ambos. Por eso menciono el profesionalismo, que es la base para conseguir clientes, ya que te encontrarás con personas acostumbradas a hacer reservaciones contigo. Así que organiza tu agenda para que puedas brindarles un buen servicio. Si ocurre que algún cliente te necesita en un momento en el que no puedes porque estás con otro cliente, trata de hablarle con la verdad y dale la opción de buscarles otro conductor, búscate un chofer que te cubra y así quedarás bien y no perderás a tu cliente. Dile que, la próxima vez, trate de hacer su reservación con tiempo. Cabe destacar que al conductor que te cubra debes explicarle que es tu cliente y que sólo le proporcionará el servicio por ese día.

He conocido choferes a los que les das un cliente por una emergencia y te lo quieren quitar, por eso es importante dar un buen servicio para asegurarte de no perderlo. Esto lo digo basada en mi experiencia, estuve en situaciones así y terminé no usando más a ese conductor. Le agradezco a Dios el haberme proporcionado clientes que nunca me abandonaron. Por eso hay que tener una buena relación con ellos y mantener una agenda con sus datos y con sus correos electrónicos; así, si le das tu cliente a otro chofer, después puedes comunicarte con él para preguntarle si le prestaron un buen servicio. Son esos pequeños detalles los que te garantizan que tu cliente lo pensará antes de irse con otra empresa; podría pasar, pero te garantizo que va a volver a ti.

Aún estoy en comunicación con algunos de mis clientes, aunque ya no les doy mis servicios. Estoy allí para sus necesidades y trato de proporcionarles un conductor que los lleve a sus destinos. Tengo un par de colegas muy profesionales a los que les envío a mis clientes, quienes después me envían mensajes diciendo cosas muy positivas. José Báez, a quien menciono en este libro, es uno de ellos, al igual que Edwin Dormoy, amigo personal. Ambos son choferes que se dedican a su trabajo con mucho profesionalismo. Esas son las cosas buenas sobre la carrera de taxista que marcan tu vida: contar con personas así. Es por eso que debemos cambiar la mente de las personas que no respetan a los que se dedican a este trabajo, porque de verdad hay muchas historias sin contar acerca de la realidad y las trampas del taxi. Tenemos que darnos las respuestas nosotros mismos, basándonos en lo que podemos vivir.

Lo malo de ser un taxista

Este es un tema que del que me duele hablar, porque le debo mucho a este trabajo que me dio un medio de vida durante muchos años.

La desventaja de ser taxista es que no tienes una seguridad económica ni un salario fijo; por lo tanto, no sabes cuánto vas a ganar, pero cabe destacar que si te organizas, puedes programar una cierta cantidad semanal o quincenal. Hoy en día es más fácil gracias a aplicaciones que te ayudan organizarte, todo depende de cómo administres tu dinero. El detalle es que el 60% de los taxistas no lo hacen, al contrario, se crean una idea de que van a hacer cierta cantidad, pero resulta que hacen otra. A todos nos ha pasado, pero tenemos que cambiar esos malos hábitos y dar un buen ejemplo a los futuros taxistas. Al hacer las cosas mal, solo acumulas deudas que después no puedes resolver.

Otra cosa negativa relacionada con ser taxista es el estrés, que puede ser mucho, sobre todo en una ciudad tan grande como Nueva York. El tráfico, los oficiales de tránsito y la competencia con las otras empresas, generan estrés: una enfermedad que está matando a miles de personas en la actualidad. Puede convertirse en algo muy agotador, una trampa perfecta para tu salud mental y física, además, muchas veces no tienes un horario fijo; son pocos los taxistas que respetan un horario de trabajo, por lo general, no dedican suficiente tiempo para dormir, almorzar ni descansar. Lo ideal sería hacerlo en una hora fija del día. Sobre todo porque de repente te llama un cliente personal y tienes que salir corriendo. Por eso también hablo de tener un chofer, o varios a tu disposición con los que puedas contar en estos casos. De ese modo, lograrás ponerte horarios para llevar una vida organizada; de lo contrario, estas cosas simplemente van a pasar. Cuando recoges al último cliente del día, nunca sabes qué puede suceder, tal vez decida cambiar el destino, haya demasiado tráfico o, peor aun, tangas algún accidente y le pase algo a tu vehículo. Aunque actualmente podemos comprobar el tráfico gracias a internet y las diversas aplicaciones que existen, siempre existen contratiempos para los que hay que estar preparados. Cualquier cosa puede cambiar la historia de tu última carrera del día.

Otra desventaja que puedo nombrar sobre el trabajo de taxista, es que eres objetivo de muchas cosas, tanto de los oficiales de tránsito como de los policías de tu ciudad. Digo esto porque recuerdo haber pasado por situaciones en las que me pusieron multas muy elevadas e innecesarias; por ejemplo, cuando quería recoger a un cliente o dejarlo en su destino, en el lugar no estaba permitido detener el carro. Tengo en mi récord pruebas de miles de dólares en multas de ese estilo. Una vez, incluso remolcaron mi vehículo porque no sabía que no podía estacionarlo en ese sitio. Esto lo relato porque como a mí, también le ha pasado a muchos, sólo que no lo hablan y simplemente siguen pagando.

Hay algo que gracias a la tecnología actual ya no pasa. Hasta hace algunos años en Nueva York, los oficiales de tránsito escribían multas, pero no se la entregaban al conductor; debido a eso, nosotros no nos enterábamos porque las enviaban por correo tradicional, tipo cartas, y en más de una ocasión, no las recibimos en nuestras manos; por lo tanto, no las pagábamos y terminaban por remolcar el auto con una grúa. Eran multas injustificadas.

Estas son sólo algunas de las historias de esas cosas pequeñas que frustran. La policía, a veces, chequeaba la velocidad de los conductores y los detenían injustamente. No tengo nada en contra de las reglas de cada ciudad, pero es bien sabido que las autoridades se aprovechan de nuestra condición como taxistas. Por eso es que los taxistas deben ser conscientes, hacer las cosas bien y manejar con decencia.

Un día le pregunté a un policía, que es mi amigo, ¿por qué multaban y detenían tanto a los conductores de taxis? Me dijo que era porque los taxistas manejan muy rápido; es triste que se expresen así.

Debería haber alternativas de parte de la ciudad, no sólo andar colocando multas que a veces ni se pueden pagar.

Esa es también una realidad que se convierte en trampa porque a los taxistas que no pagan esas multas, les suspenden las licencias. Muchos no tienen forma de pagar un abogado o defenderse, porque no conocen las leyes, y es que, casi siempre, dependiendo de la ciudad, el taxista también tiene encima a otra empresa que lo controla.

En Nueva York siempre multan a través de un oficial de tránsito o de la policía, por eso es que la ciudad debería averiguar todo lo que pasa cuando un taxista es multado. He visto taxistas con multas de hasta 500 dólares, lo que es un abuso total. Sin embargo, sí sé que hay casos de choferes que sí tienen la culpa, que deberían tratar de manejar mejor, para no darle motivos a las ciudades y compañías de quedarse con todo el dinero que generas.

Me falta mencionar las compañías de seguros, una falta que sería grave si no la incluyera en este libro.

Adquirir un seguro para tu vehículo, te puede costar bastante dinero, porque muchas aseguradoras se basan en tu récord como conductor. Recuerdo que en algún momento llegué a pagar hasta 8 mil dólares por una póliza de seguro. Gracias a Dios eso ya es historia pasada. Así que si decides hacer este trabajo de taxista, tienes que educarte más, porque nuestro tiempo, dinero y salud no los podemos dejar en manos de empresas que sólo velan por sus propios beneficios.

Ser taxista tiene sus cosas buenas y malas, si decides ser taxista, hazlo bien y respeta las leyes. Es tu decisión y será en tu beneficio.

El enemigo de un taxista hace 15 años

Todos sabemos que hay cosas buenas y cosas malas en este trabajo. Una de ellas es que siempre van a existir lo que llamaríamos "enemigos" en el lugar donde trabajamos.

Cuando comencé en este trabajo, me di cuenta de que había varias situaciones que podríamos llamar "enemigas de los taxistas", que podían dificultarte el camino. Por ejemplo, cuando ibas a un banco para solicitar un préstamo, bastaba con que les dijeras que eras taxista para que te lo negaran, porque la mayoría no podía comprobar sus ingresos. Sin embargo, en realidad, los taxistas sí ganaban lo suficiente como para pagar un crédito, incluso de una casa, pero no hacían lo que debían de hacer; por ejemplo, pagar sus impuestos para tener dichas pruebas. La forma en que muchas personas o empresas trataban a los taxistas era una de las situaciones que dificultaba nuestra labor como trabajador del volante.

Otro de nuestros enemigos fue la misma ciudad con sus grandes multas. Nos criticaron mucho diciendo que muchos de nosotros éramos culpables, puede que sea cierto, pero con esto también digo que nuestro peor enemigo fueron esas personas que se dedicaron a hacer cosas ilegales y nos usaban como coartada. Una vez me dejaron una maleta en mi coche y no sabía qué hacer. Recuerdo que el cliente me preguntó cuánto era la carrera, le dije que 50 dólares, pero me dio $300; para mí, eso era un montón de dinero. Al rato salió del carro y me dijo que regresaba pronto, pero pasaron más de 20 minutos y no aparecía, hasta que llegó una señora que me dijo: "Vengo a recoger la maleta". Eso fue algo que me dio mucho miedo. Con el tiempo te das cuenta y aprendes que esas situaciones son un peligro, porque cuando la gente no es la misma, y la situación está implicada con aspectos legales, quien enfrenta a la justicia es el taxista, no el dueño del paquete. Precisamente por eso lo hacían: para librarse de posibles situaciones complejas. Gracias a Dios, estas cosas ya casi no suceden.

Por supuesto no sólo éramos víctimas, pues todos tenemos algo de culpa cuando no nos informamos acerca de las cosas. Incluso cuando hablo de las autoridades y sus multas, reconozco que muchos eran culpables, pero creo que era por la falta de información que había en ese entonces.

El enemigo de hoy en día para un taxista

Espero que en este capítulo nadie se sienta ofendido por mi opinión, porque no es mi intención agredirlos. Recuerda que todo lo que escribo es a partir de mi experiencia.

Diariamente, escucho a un gran numero de taxistas que se quejan porque las empresas para las que trabajan se quedan con un porcentaje muy alto del dinero que ellos generan. Sin embargo, considero que no e tiene que trabajar para una empresa, cuando uno mismo puede hacer un plan laboral y ejecutarlo de forma productiva, en el que se incluya buscar a los propios clientes. A veces pensamos que el enemigo está en el exterior, sin darnos cuenta de que somos nosotros mismos los que, en más de una ocasión, obstaculizamos nuestro crecimiento. También es importante aceptar que cada empresa tiene sus reglas y que aunque te quitan una cantidad muy elevada, también incluyen cosas que te benefician.

Lo siguiente es no permanecer sin hacer nada, hablar sin actuar, sólo quejándote. Si sigues afiliado a una compañía, trata de exponer tu punto de vista, respetar su estrategia y la forma en que funciona. Trata de llegar a un acuerdo y si ves que te están quitando más de lo adecuado, sal de esa empresa.

Recuerdo casos como los de ciertas empresas que funcionan con aplicaciones de internet, que cuando comenzaron, cobraban un 15% de comisión sobre lo generado; muy poco en realidad, pero después comenzaron a abusar y subieron demasiado el porcentaje. Afortunadamente, algunas tuvieron que devolver las comisiones injustificadas porque los usuarios se quejaron. Moraleja: hay que hablar.

Otra situación actual es cómo se depende de la tecnología para lleva a cabo el trabajo de taxista. Tenemos nuestros teléfonos, que pueden ser una bendición, pero también una maldición y nuestro peor enemigo si lo usamos incorrectamente. Las autoridades están con los ojos muy abiertos en las calles para atrapar a los conductores que hacen uso del teléfono indebidamente. Sí, muchos están haciendo su trabajo, pero otros abusan. Por lo tanto, hay que ser conscientes y tratar de no usarlos cuando tenemos que centrar nuestra atención en el camino. Entonces, si nos educamos, ganamos más. Mi teléfono era uno de mis mayores problemas, por eso explico esto, para que quienes quieran trabajar como taxistas o lo estén haciendo, no cometan el mismo error. He pagado un montón de dinero por usarlo cuando no debía; sé que es necesario tener el equipo en el vehículo, pero hay que tratar de no usarlo cuando no se debe. A veces lo tocas sin darte cuenta, y es ahí cuando te agarran y te multan. Además, usar el teléfono cuando estamos con clientes es de mal gusto. Y eso no es todo, creo que lo peor es que tengas un accidente por el simple hecho de no esperarte para hacer una llamada.

Entonces, sobre los enemigos, resumo, el número uno somos nosotros; luego está el no hablar cuando sabemos que hay abusos y, por último, el peor: el celular, que es una necesidad, pero también una trampa. Espero no haber ofendido a nadie, simplemente no quiero que sigan pasando estas cosas.

Errores que están cometiendo los taxistas fuera de los Estados Unidos Americanos

A continuación, quiero contarles algo que presencié y, por lo tanto, puedo dar testimonio de ello. No sin antes decir que me avergüenza que estas cosas pasen; primero, porque todavía me considero taxista, aunque como se los explico aquí, ya no estoy trabajando como tal; segundo, porque fui testigo de que sucede en mi propio país: República Dominicana, el lugar donde nací.

Los hechos que les voy a contar solo pueden estar justificados por la ignorancia, ya que de lo contrario, no comprendo cómo pueden estar sucediendo. Desde ahora lo digo: si crees que estás haciendo algo inteligente, toma consciencia, porque si intentas pasarte de listo, estarás yendo directo a una gran trampa que te afectará en el futuro.

A continuación, quiero contarles algo que presencié y, por lo tanto, puedo dar testimonio de ello. No sin antes decir que me avergüenza que estas cosas pasen; primero, porque todavía me considero taxista, aunque como se los explico aquí, ya no estoy trabajando como tal; segundo, porque fui testigo de que sucede en mi propio país: República Dominicana, el lugar donde nací.

Los hechos que les voy a contar solo pueden estar justificados por la ignorancia, ya que de lo contrario, no comprendo cómo pueden estar sucediendo. Desde ahora lo digo: si crees que estás haciendo algo inteligente, toma consciencia, porque si intentas pasarte de listo, estarás yendo directo a una gran trampa que te afectará en el futuro.

En República Dominicana, varias veces quise usar el servicio de taxis a través de las aplicaciones en el teléfono celular; sin embargo, era un verdadero problema porque, como debe de ser, las empresas sacan su porcentaje correspondiente cada vez que un cliente les paga con su tarjeta bancaria. El conflicto principal está en que éste es un país donde no todos sus habitantes tienen una tarjeta de crédito o débito, por lo que tienen la opción de pagar en efectivo. La aplicación que yo usé me permitía pagar con tarjeta de crédito; no obstante, me di cuenta de que había muchos conductores que no aceptaban el viaje, aun cuando se encontraban a no más de 5 minutos de donde yo estaba, así que me tomó 15 minutos encontrar uno dispuesto. Esta situación me pasó varias veces; incluso, en mi último día en la ciudad, necesité un taxi para ir al aeropuerto, pero casi pierdo mi vuelo porque los conductores no querían llevarme, y todo porque iba a pagar con la tarjeta de crédito.

Lo anterior tiene una explicación simple, pero que me dejó impactada. Mientras solicitaba el taxi, le comenté a un amigo lo que me estaba sucedido; él me explicó que muchos taxistas tienen deudas grandísimas con las aplicaciones debido a que, cuando les pagan en efectivo, no le dan a la empresa la comisión que le corresponde, sino que ésta última lo descuenta de los viajes que son pagados con tarjeta. Es por eso que prefieren evitar los viajes en los que no sean pagados en efectivo. Ante tal explicación, seleccioné la opción de pago en efectivo, y en menos de tres minutos llegó un auto. Mientras el conductor me llevaba al aeropuerto, comenzamos a platicar sobre el tema, me confirmó lo que mi amigo me había dicho y me contó su historia.

Me contó que le debía muchísimo dinero a la empresa porque había tomado la comisión que le correspondía para comprar otras cosas de uso personal, lo que a su vez, le hizo adquirir más deudas.

Llegó a un punto en el que debía demasiado. Le expliqué que yo había sido taxista, y que deberle a la empresa no era nada bueno para él, porque tarde o temprano su fuente de trabajo iba a cerrarle la cuenta y le prohibiría usar la aplicación, con lo que terminaría por perder más. Estas aplicaciones son empresas millonarias que siempre buscan la manera de recuperar su dinero; tomaron el control del mundo de los taxis y tan pronto encuentran una falla, buscan las soluciones pertinentes. Traté de convencerlo para que pagara lo que debía, incluso, le sugerí que encontrara otro trabajo y que sólo hiciera de taxista por tiempo parcial, a fin de que la empresa se pudiera cobrar sus comisiones.

Espero que el hecho de haber contado esto, no se tome a mal. De verdad, estas situaciones me dan mucha pena, pero es mejor que los taxistas sepan lo que pueden hacer. Es su vida, pero deben estar conscientes de lo que les puede pasar. Es mejor hacer las cosas de forma correcta en vez de lamentarse. Hay que tener en cuenta que estas empresas tienen el dinero y la tecnología necesaria para poner fin a situaciones que no les favorecen.

Así que espero que no sigan cometiendo errores que tarde o temprano tendrán que pagar.

Esto no sólo ocurre en mi país. Estuve investigando y también pasa en otros paíse donde la mayoría de los taxistas no aceptan crédito. Mi consejo es que no lo hagan o su trabajo como taxista llegará a su fin.

¿Por qué se están suicidando los taxistas?

Al igual que yo, muchas personas tenemos esta duda en la mente. Siento una gran tristeza por tener que compartir esto, pero es algo que está sucediendo y no se puede dejar pasar por alto. En los medios de comunicación y en las redes sociales se expone como cada vez son más frecuentes los casos de trabajadores del volante, que terminan por suicidarse debido al estés que experimentan. ¿Qué es lo que está pasando? ¿Quiénes son los responsables y por qué nadie hace nada? Junto con muchos compañeros, siento una gran impotencia, porque esos compañeros taxistas no encontraron una solución que les permitiera seguir con sus vidas. Es indispensable encontrar formas para crear consciencia. Tan solo en el tiempo que pasé escribiendo este libro, escuché cinco de estos casos de suicidio; entonces, me surgió la pregunta del millón: ¿Por qué no pueden ver que los cinco eran conductores de lo que llaman **vehículo compartido**, **ride sharing** o **seats shared**? Para mí está claro que hay más personas responsables; por ejemplo, las ciudades no están haciendo nada por apoyar a quienes pasan por situaciones complicadas, pareciera que sólo esperan a que se suiciden para entonces tomarlos en cuenta.

La verdad, este tema es tan triste que lo escribo con lágrimas cayendo sobre el teclado, porque al igual que esos que se suicidaron, yo también en algún momento de mi vida, tuve que dejar de trabajar como taxista y sobrevivir como me fuera posible, ganando una miseria. Le doy gracias a Dios y a mi familia por apoyarme y evitar que no pasara una desgracia. A pesar de todo lo que viví, siguen pasando cosas que aún no se resuelven. Una de esas personas que se suicidó, publicó en su página de **Facebook** que una de las aplicaciones para las que trabajaba, lo llevó a la ruina; escribió que había trabajado de 100 a 120 horas casi todas las semanas, pero cuando comenzó en la década de 1980, sólo trabajaba de 40 a 50 horas; dijo que así no podía sobrevivir; también mencionó al gobernador y al alcalde de esa ciudad, porque ellos apoyaban a esa aplicación que él calificó de "ladrones y tramposos". Entonces, creo que hay muchas preguntas sin respuestas.

Otra historia que fue muy mencionada, es la de un joven que se disparó porque no aguantaba las deudas que tenía, debido a las multas excesivas; un problema que ya he mencionado en este libro. Es una lástima que antes de dispararse, haya llamado a su esposa para decirle lo que iba a hacer. Antes, había asistido a una corte para defenderse de esas multas, pero no aguantó y se suicidó, es una pena. También está el caso de un señor que se mató frente al City Hall de Nueva York, él tenía 65 años y hablaba por teléfono con su esposa mientras lo hacía. También culpó a esas aplicaciones porque, según él, cada día contratan a más choferes, (es algo que me consta). Sus familiares contaron que él había acumulado muchas deudas, al igual que todo. Y es que la ciudad no hace nada para evitar que un taxista deje desamparada, sola y triste a su familia. Hay muchas más historias, puedes buscarlas en las redes sociales. Espero que no sufras al leerlas como me ha pasado a mí.

Las siguientes preguntas quedan aun sin respuesta: ¿Se suicidan por no tener fe, por no encontrar apoyo, por no buscar ayuda a tiempo, por desesperación, por tantas deudas de infracciones, por vergüenza a enfrentar la realidad, por pensar que han perdido su vida detrás del volante y ya es tarde para aceptar los cambios, por depresión de deudas, por que perdieron clientes que les pagaban tan bien o el triple de lo que hoy se paga, o simplemente, por que no entienden que el sistema ya cambio?

Soluciones que propongo con este libro

Empecé a escribir este libro cuando me encontraba en una etapa de profunda depresión por no poder estar detrás del volante. Gracias a estas letras, logré estabilizarme emocionalmente y superar lo que me había sucedido. Pero no quiero que esto sea solo un material de autoayuda para los taxistas que buscan respuestas, sino que también sirva para hacer y ejecutar un plan lo suficientemente eficaz como para resolver las diversas situaciones por las que cada colega está pasando. Por mi parte, estoy dispuesta a seguir ayudando, desde mis posibilidades, a los miles de conductores de taxi; no obstante, es un problema que le corresponde solucionar a cada ciudad y a cada país, porque ser taxista es un trabajo que se realiza en todo el mundo.

Deberían de existir centros de ayuda para el taxista. Por eso, hago un llamado en el nombre de todos nosotros. La atención principal que muchos requieren es la psicológica, pues necesitan encontrar medios y soluciones que les permitan manejar el estrés y las diversas problemáticas que enfrentan, con el objeto de evitar que acciones como el suicidio continúen sucediendo.

Vivan con esperanza y con fe.

Les dejos estas frases que a mí me ayudaron mucho:

- ¡Siempre ten Fe y esperanza!
- Construye el camino que deseas para lograr tu libertad, tanto financiera como espiritual.

Es desgarrador ser testigos de las escenas que vive una madre o un padre llorando, debido a las frustraciones que siente por no poder llevar el pan a su hogar; pero, ¿cómo pueden tener y vivir con esperanza en medio de tantas injusticias? Hay tanta información relacionada con la forma en que un conductor debe de realizar su trabajo, que en vez de ayudar, sobrecarga sus cerebros.

Para enfrentar un futuro con tanta incertidumbre, es esencial orar por la paz y tener una actitud positiva. Yo, al igual que muchos choferes del mundo, deseo que las cosas comiencen a cambiar y sean diferentes a como son actualmente.

Recuerda no mires hacia atrás, a menos que sea para recordar momentos bonitos por los que te duelan las mejillas de tanto sonreír.

Leí un libro del gran escritor Phil Bosmans, que se llama: **Tómate tu tiempo**. Hubo una página que me cautivó y quiero compartirte:

Fíjate en las luces

"En la vida no puedes dar marcha atrás, no puedes voltear los días ni ir de la noche a la mañana para recuperar tus días más bonitos, debes ir hacia adelante, día tras día, año tras año, no puedes permanecer parado, nadie puede detener el tiempo. Hay muchas encrucijadas, por eso ¡Fíjate en las luces!"

Así que los tropiezos en la ciudad donde haces de taxi o los inconvenientes con los clientes, son simplemente luces rojas en el semáforo de la vida. ¡Detente!, no te frustres porque tras ellas hay solamente caminos tortuosos y precipicio escondidos, sigue adelante sin miedo, sé cariñoso y amable con tus clientes. Deja que el motor de tu auto haga su función y que el corazón de tu cuerpo haga el suyo, que no es otro mas que el de dirigirte al camino de la conciencia y el corazón. Haz tu trabajo con amor.

FIN